Ed. 830

T0078935

Anthology
of
Modern French Song

A Collection of

THIRTY-NINE SONGS
WITH PIANO ACCOMPANIMENT

By Modern French Composers

COLLECTED AND EDITED

By MAX SPICKER

English Translations by

HENRY G. CHAPMAN AND OTHERS

FOR LOW VOICE

·p·v·

G. SCHIRMER, Inc.

DISTRIBUTED BY

HAL•LEONARD®
CORPORATION

7777 W. BLUEMOUND RD. P.O. BOX 13819 MILWAUKEE, WI 53213

TO THE BELOVED MEMORY OF
CHARLES GILIBERT
LYRIC ARTIST AND SINGER OF SONGS

WHOSE DELIGHTFUL INTERPRETATIONS·
ARE AMONG THE MOST CHERISHED MUSICAL
RECOLLECTIONS OF THE PRESENT GENERA-
TION AND WHO WAS FOREMOST IN MAKING
KNOWN TO ENGLAND AND AMERICA THE
SONG TREASURES OF HIS NATIVE LAND

Index of Composers

Index of Composers (continued)

Index of Titles

Index of Titles (continued)

Index of First Lines

Index of First Lines (continued)

Beau Soir

(Paul Bourget)

Evening Fair

English version by
Henry G. Chapman

Claude Debussy

22697

4

blé,_____ Un conseil d'être heu - reux semble sor - tir des
grain,_____ A be-hest to be glad, that seems from all things

cho - - ses Et mon - ter vers le cœur_ trou -
stream - ing, Doth a - rise to my heart_ in

blé. Un con - seil de goû-ter le char - me d'être au
pain. A be - hest to ex-plore the ut - most joy of

mon - - de, Ce - pen - dant qu'on est jeune et que le soir est
be - - ing, In this day of my youth, the while the eve-ning's

Mandoline

(Paul Verlaine)

Mandolin

English version by
Henry G. Chapman

Claude Debussy

dolce e leggiero

Voice

Piano

Allegretto

Les don-neurs de
Now your gal-lant

sé - ré - na - des Et les bel - les é - cou - teu - ses É - chan - gent
se - re - nad - ers, And the pret - ty dames that love them, Their plat - i -

des pro-pos fa - des Sous les ra - mu - res chan - teu - - - - -
tudes are ex-chang-ing 'Neath branches mur - m'ring a - bove

ses.
them.

C'est Tir - cis et c'est A - min - te,
Tir - cis 'tis, and 'tis A - min - ta,

Et c'est l'é - ter - nel Cli - tan - - - - - - dre,
Now ev - er - last - ing Cli - tan - - - - - - der,

Et c'est Da-mis qui pour main-te Cru - el - le fait __ maint vers ten - dre. __
Now Da-mis 'tis, who wastes On some cru - el she his vers - es ten - der. __

Leurs cour-tes ves - tes de soie, Leurs longues
Their silk - en jack - ets and short, Dresses with

ro - bes à __ queu - es, Leur é - lé - gan - ce, leur joi - e Et
trains of am - ple mea - sure, Their joy, their grace - ful de - port-ment, Their

leurs mol - les om - bres_ bleu - - - es,
shad - ows of melt - ing _ a - - zure:

Tour - bil - lon - nent dans_ l'ex - ta - se D'u - ne lu - ne rose_ et gri - se,
How they whirl in ec - sta - sy yon - der Where the rose - gray moon - light's ly - ing;

Et la man - do - li - ne ja - se Par - mi les fris - sons de bri -
While man - do - lins whin - ing - ly maun - der, Tremu - lous breez - es are sigh -

- - - se.
- - - ing. La, la, la, la, la,

la, la; la, la, la, la, la,___ la, la_ la, la_ la, la_ la, la,___

sempre **pp**

pp

la,_____ la,_____ la,_____

più **pp**

la,_____ la la,_____

sempre poco a poco perdendosi

la._____

sfp

una corda

La Chevelure

Her Hair

From "Trois Chansons de Bilitis"
by Pierre Louys

English version by
Henry G.Chapman

Claude Debussy

noir au - tour de ma nuque et sur ma poi - tri - -
veil a - round my neck and o - ver my bo - -

- ne. Je les ca - res - sais, et c'étaient les miens;
- som. I ca - ressed thy hair, 'for it was mine own,

et nous é - tions li - és pour tou - jours ain - si,
and by it we to - geth - er were bound for aye,

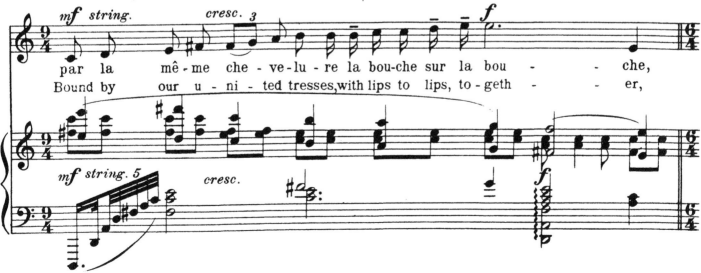

par la mê - me che - ve - lu - re la bou - che sur la bou - - che,
Bound by our u - ni - ted tresses, with lips to lips, to - geth - - er,

Tempo I

ain-si que deux lau-riers n'ont sou - vent qu'u-ne ra-ci - ne.
as oft two lau-rel-trees have one root a - lone be-tween them.

Et peu a peu, il m'a sem-blé, tant nos membres é -
And, more and more, it seem'd to me, that our be - ing so

taient con - fon - dus, que je de - ve - nais toi-mê - - me,
merged in - to one, that at last I came to be thee,

ou que tu en - trais en moi com - me mon son - - ge.
or that thou hadst like a dream en - tered my spir - - it.

Romance

(Paul Bourget)

English version by
M. Louise Baum

Claude Debussy

Lied Maritime
A Sea-Song

English version by
Henry G. Chapman

Vincent d'Indy. Op.43

yeux sont clos,__ et mon cœur est tran - quill - le com - -
eyes, are closed__ And my heart is all peace - ful like

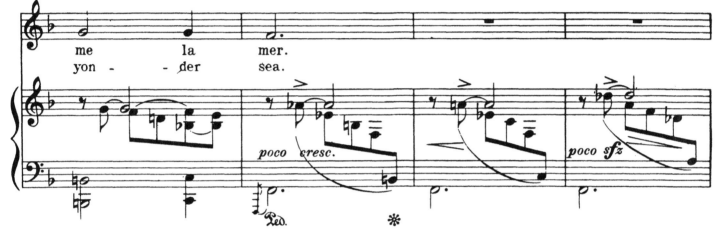

me la mer.
yon - der sea.

poco cresc. *poco sfz*

Più animato (♩ = 112)

pp *p*

più f

Au loin, sur la mer, l'o -
A - far on the deep a

rage est le - vé,_____ et la mer s'é - meut et bouil-
storm is a - broad,_____ And the wild seas sa - - vage-ly

Ped. ✻

lon - - ne; le flot jusqu'aux cieux s'é -
thun - - - der; The waves toss on high their

poco più f

Ped. ✻

ri - ge su - perbe,_____ et croule en hur - lant_____ vers les a -
foam to the sky,_____ And reel - ing and roar - ing fall a -

cresc.

Un poco meno animato (♩ = 104)

molto riten.

bî - - mes. Tes yeux, tes traî - tres
sun - - der. molto riten. Your eyes, your treach'rous

Ped. ✻ Ped. ✻

yeux si doux____ me re-gar - dent____ jusqu'au fond de l'â - - me, et mon
eyes so soft____ Look me thro', search - ing my ver-y soul,_____ And my

cœur tor-tu - ré,____ mon cœur bien-heu - reux s'e -
heart in de - spair,____ my heart in de - light, Leaps

xalte et se bri - - se com - - me la mer!
high and falls brok - - en, like yon - der sea!

L'heureux Vagabond

(Catulle Mendès)

The Gay Vagabond

English version by
Henry G. Chapman

Alfred Bruneau

Un pau-vre sur le che - min, li - re - lin, un pauvre hom - me,
A beg-gar sat by the way, tra - la - lay, Poor old man;

m'a de-man - dé mon pain blanc, li - re - lan. «Pau - vre, prends
Give me, said he, your white roll, fol - de - rol. "Poor fel - low,

tou - te la mi - che! J'ai dans mon cœur fleu - ri, (chan-te, ros - si - gnol,
here is the whole! For in my heart is May, (Sing, O night-in-gale,

chan-te si je ris!) j'ai dans mon cœur jo - li, li - re - li, ma mi - e!»
sing a joy-ous lay!) I've in my heart so gay, tra - la - lay, My Dear - ie!"

Un vo-leur sur le che-min, li-re-lin, dans ma po-che
Now a thief came on the way, tra-la-lay, From my pock-et

m'a vo-lé mes trois é-cus, li-re-lu. «Vo-leur, prends la
he did steal my ha'-pence three, tra-la-lee. "Hey, thief! take the

poche aus-si! J'ai dans mon cœur fleu-ri, (chan-te, ros-si-gnol,
pock-et too! For in my heart is May, (Sing, O night-in-gale,

chan-te si je ris!) j'ai dans mon cœur jo-li, li-re-li, ma mi-e!»
sing a joy-ous lay!) I've in my heart so gay, tra-la-lay, My Dear-ie!"

Je 'm'en vais mou - rir de faim, li - re - lin, dans la plai - ne.
So of hun - ger I must die, high-ho, high, On the high - way.

Plus de pain blanc ni d'é - cus, li - re - lu. Mais qu'im - por - te
Gone my white roll, ha'- pence too, tra - la - lu. But what mat - ter,

si tou - jours j'ai dans mon cœur pleu - rant, (chan - te, ros - si - gnol,
if I still, For all my heart's dis - may, (Sing, O night - in - gale,

chante en sou - pi - rant!) j'ai dans mon cœur mou - rant, li - re - lan, ma mi - e!
sing a mourn-ful lay!) Have till my dy - ing day, tra - la - lay, My Dear - ie!

LES BERCEAUX
THE CRADLES

Sully Prudhomme
English version by M. Louise Baum
Edited by H. Clough-Leighter

GABRIEL FAURÉ. Op. 23, №1

Andante e quasi sognando

VOICE

PIANO

legato assai
p sempre

con Pedale

Le long du quai,_____ les grands_____ vais-seaux,
All down the quay_____ the ships_____ so tall

Que la hou - le in-cli - ne en si - len - - ce,_____ Ne
O'er their keel at an - chor are sway - - ing,_____ And

pren - nent pas gar - - de aux_____ ber-ceaux,
lit - tle they reck_____ of cra - - dles small

Printed in U. S. A.

Que la main des fem - mes ba - lan - - ce. _____
Sway'd to sound of moth - er - ly sing - - ing. _____

cresc. poco a poco

Mais vien - dra le jour des a - dieux,
Ah! the days of part - - ing must come,

cresc. poco a poco

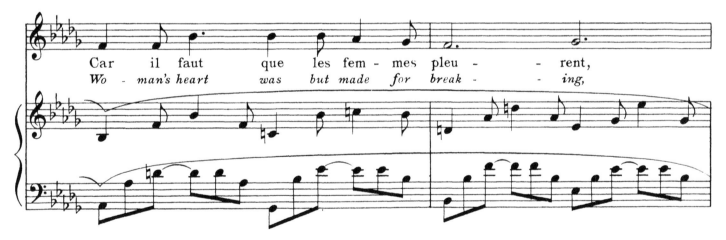

Car il faut que les fem - mes pleu - - rent,
Wo - man's heart was but made for break - - ing,

cresc. molto

Et que les hom - - - mes cu - ri - eux
Man must a - far fol - low his star,

cresc. molto

Ten - tent les ho - ri - zons qui leur - - - - -
Yon *blue* *ho - ri - zon* *must* *be* *mak - - - - -*

rent! _____ Et ce jour-là ____ les
ing! _____ *Then,* *as* *the* *ves - - sels*

grands ____ vais-seaux, Fuy - ant le port qui di - mi -
cleave ____ *the* *foam,* *Sink - ing* *the* *port* *be - low* *the*

nu - - e, Sen - tent leur mas - -
o - - cean, *In - flu - ence* *fond,*

se re - te - nu - e
stay - ing their mo - tion,

Par
Flows

l'â - me des loin - tains _____ ber - ceaux,
forth from the __ cra - dles at home,

Par
Flows

l'â - me des loin - tains _____ ber -
forth _____ from the cra - dles at

ceaux. _____
home. _____

rall. e dim.

22697

L'invitation au voyage
(Ch. Baudelaire)
Invitation to the Journey

**English version by
Henry G. Chapman**

Henri Duparc

ble,   Ai - mer   à   loi - sir, _____   Ai -
love,   A - lone,   thou   and   I, _____   To

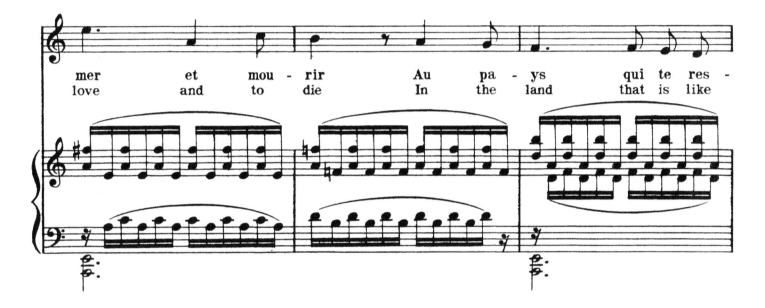

mer   et   mou - rir   Au   pa - ys   qui te res -
love   and   to   die   In   the   land   that is like

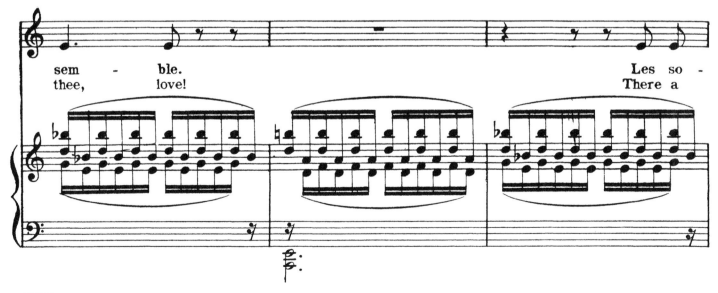

sem - ble.   Les so -
thee,   love!   There a

leils _____ mouil - lés De ces ciels _____ brouil-
mist - y sun Thro' the haze _____ shines

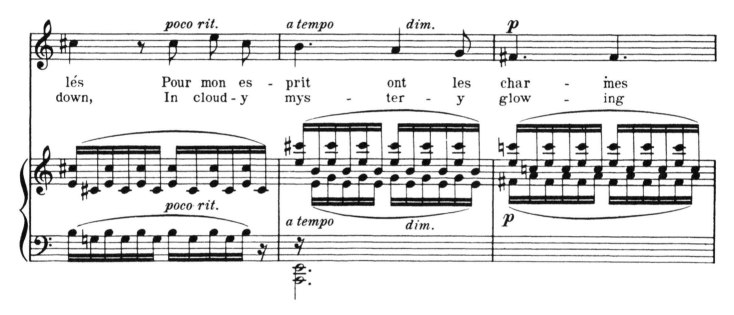

poco rit.   *a tempo*   *dim.*   **_p_**

lés Pour mon es - prit ont les char - mes
down, In cloud - y mys - ter - y glow - ing

Si mys - té - ri - eux De _____ tes traî - tres
With the charm that lies In _____ thy dan - g'rous

yeux,   Bril - lant   à   tra -vers   leurs   lar - - -
eyes,   That smile   while   thy tears   are   flow - -

mes.   Là,   tout n'est qu'ordre___   et   beau -
ing.   There   all   is   beau - ty   and

té,   Lu - xe,   cal - me   et   vo - lup - té.
truth,   Plea-sure,   peace,   hap - piness,   youth!

Un poco più mosso

Tempo I

Vois
See,

sur ces ca - naux Dor - mir _____ ces vais -
dear - est, where ride A - sleep _____ on the

seaux Dont l'hu - meur est va - ga - bon - - - de;
tide, Man - y a ship that loves to wan - - - der,

C'est pour as - sou - vir___ Ton moin - dre dé - sir Qu'ils vien -
With what-e'er can fire___ Thy faint - est de - sire, For thee___

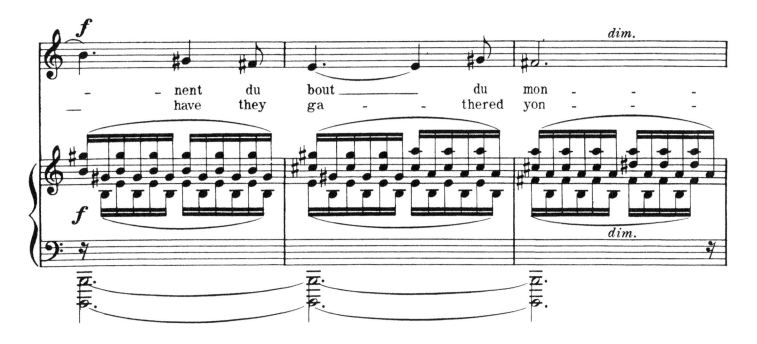

- nent du bout___ du mon - - -
have they ga - - thered yon - - -

de.
der.

Les so -
Now the

leils_____ cou - chants_____ Re -
sun_____ goes down,_____ And

vê - -tent_____ les champs,_____ Les ca -
gilds sea_____ and town_____ With its

poco sf

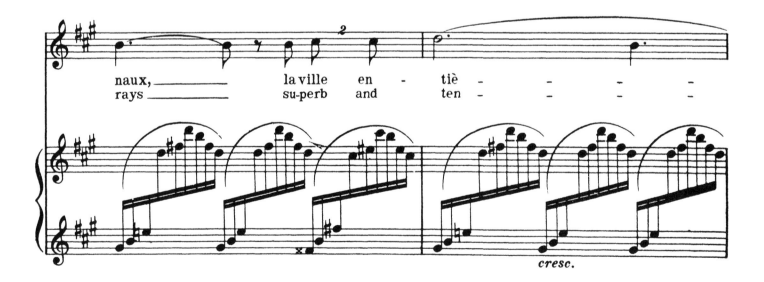

naux,_____ la ville en - tiè - - -
rays_____ su-perb and ten - - -

cresc.

re,
der,

più *p*

D'hy - a - cinthe _____ et
That the world _____ en -

d'or;
fold

Le mon - de _____ s'en -
In crim - son _____ and

dort
gold

cresc. *molto*

Dans u - ne chau - de lu -
With warm and lu - min - ous

cresc. *molto*

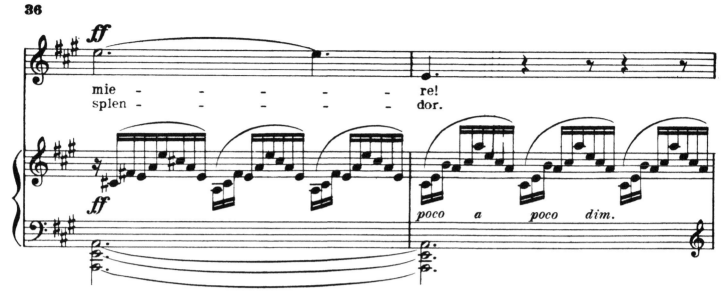

Chanson Triste

(Jean Lahor)

A Song of Sorrow

English version by
M. Louise Baum

Henri Duparc

Lento affettuoso
sempre legatiss.

Dans ton cœur dort un clair de lu — ne, Un doux
Moon — light full — ness thy heart il — lum — ing, Such as

clair de lu — ne d'é — té,————
floods the fair sum — mer night,————

Et pour fuir———— la vie im — por — tu — ne
Ah! to flee———— life's vain im — portun — — ing,

22697

dim.   poco rit.   a tempo

Je me noie - rai _____ dans ta clar - té. _____
Would I could drown me in that pure light! _____

poco più f   dolciss.

J'ou - blie-rai les douleurs pas - sé - es, Mon amour,
My despair - could I long - er fear it, O my love,

poco cresc.

quand tu ber - ce-ras Mon tris - te cœur et mes pen - sé - es
when are cra - dled free from harms My wear - y heart and spir - it

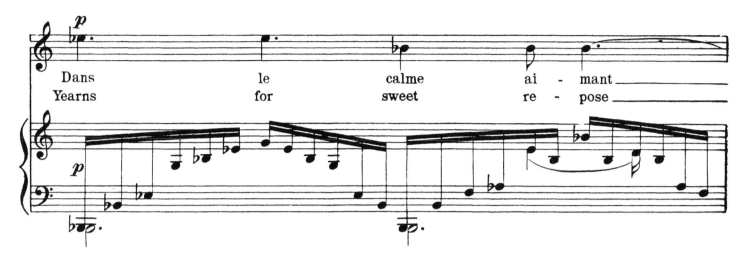

Dans   le   calme   ai - mant
Yearns   for   sweet   re - pose

de   tes   bras!
in   thine   arms?

Tu   prendras ma tê - - te   ma -
Thou wilt lay my head,   dull with

la - - - de,   Oh!   quel - que -
sor - - - row,   O,   some day

fois   sur tes ge - noux,_____
soon   up - on thy knee,_____

Et   lui   di - ras   u - ne bal -
Thou   from   the past   fond - ly wilt

la - - - de,
bor - - - row

pleins de tris-tes - ses, Dans tes yeux a - lors je boi -
sweet in their sad - ness, From thy lov - ing eyes my tired

rai Tant de bai-sers et de tendres - ses,
soul Draughts so di - vine shall drink of glad - ness,

Que peut-ê - tre je gué - ri - rai...
I perchance a-gain shall be whole.

A Lucette

(16th Century)

Poem by
Henry Gauthier-Villars

English version by
Henry G. Chapman

To Lucette

G. Pierné

D'un grand mal j'ay l'â - me do - len - te, J'er - re sans con -
Sick my heart and sore - ly in dan - ger, Reft_ of end_ or

seil ni des - sein, Brus - lé par u - ne fiè - vre len - te
aim I_ stray, A - fire with_ a low - burn - ing fe - ver

Qui faist la figue au mé - de - cin. Las! d'a - mour la
That doth the doc - tor e'en_ dis - may. Ah, by love's un -

fi - ne sa - get - te A na - vré mon cœur lan - gou - reux, Ce
er - ring ar - row Has my lan - guid heart_ been slain, That

cœur_ que seu - le, ô ma_ Lu - cet - te, Tu peux_ gué - rir_ si
heart which thou_ a - lone,_ Lu - cet - te, Canst, an thou wilt,_ make

tu_ le veux, Ce cœur que seu - le, ô ma_ Lu - cet - te,
well_ a - gain, That heart_ which thou a - lone,_ Lu - cet - te,

Tu peux gué - rir_ si tu_ le veux.
Canst, an thou wilt,_ si make well_ a - gain.

Tempo I

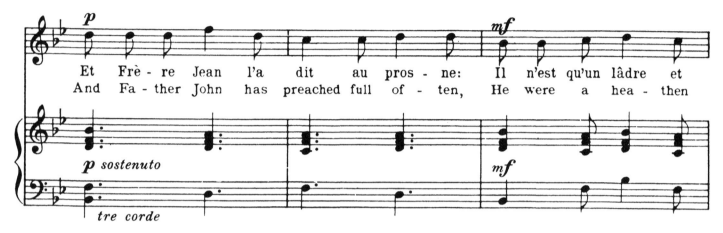

Et Frè - re Jean l'a dit au pros - ne: Il n'est qu'un lâdre et
And Fa - ther John has preached full of - ten, He were a hea - then

pp una corda

p sostenuto

tre corde

mf

qu'un pa - yen, Ce - luy qui re - fuse une au - mos - ne,
knave, in - deed, Who would not give alms to his neigh - bour,

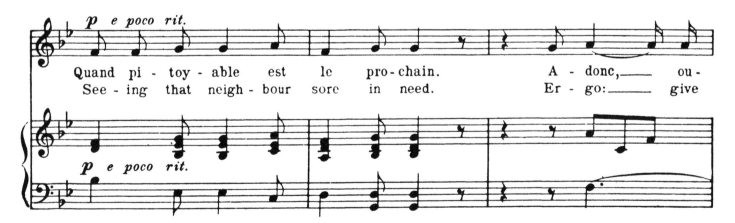

Quand pi - toy - able est le pro - chain. A - donc,___ ou -
See - ing that neigh - bour sore in need. Er - go:___ give

p e poco rit.

p e poco rit.

ïs cet - te re - ques - te Et vers moi vi - re tes doux
ear to my pe - ti - tion, Turn thine eyes— up - on me

poco rit. *a tempo* *pp* *mezza voce*

yeux... Car tu me peux seu - le, ô— Lu - cet - te, Bail -
here! For thou a - lone, ah,— my— Lu - cet - te, Canst

poco rit. *pp* *a tempo*

ler— l'au - mos - ne que— je veux,— Car tu me peux seu -
grant the alms— that I— re - quire,— For thou a - lone, ah,—

molto rit. *breve*

le, ô— Lu - cet - te, Bail - ler l'au - mos - ne que— je veux!
my— Lu - cet - te, Canst grant the alms— that I— re - quire.

molto rit. *breve*

Tempo I

pp una corda

p

Cet en - nuy qui tant me cha - gri - ne, Ce mal_ qui tant me
This dis - tress by which I am shak - en, These pains_ I now so

p tre corde

fait_ souf - frir, Pris sur ta lè - vre pur-pu - ri - ne
long_ en - dure, Naught, save_ sweet kiss - es to be tak - en

poco rit. breve a tempo

Un_ bai - ser le sçau - rait gué - rir. Ou de des - pit je
From_ ros - y lips,_ can cure. Or for des - pite I'll

breve a tempo
poco rit.

perds_ la tê - te, Ou plus qu'An - ges je suys heu - reux. Choi - -
lose_ my rea - son, Or than An - gels hap - pier be; So

sis_ et m'ou - vre, ô ma_ Lu - cet - te, Le Ciel,_ l'En - fer,_ ce
choose, and give_ me, my_ Lu - cet - te, Or heav'n or hell,_ as

que_ tu veux, Choi - sis_ et m'ou - vre, ô ma_ Lu - cet - te,
pleas - eth thee, So choose, and give_ me, my_ Lu - cet - te,

Le Ciel, l'En - fer,_ ce que_ tu veux._
Heav - en or hell,_ as pleas - eth thee._

Première Danse
(Jacques Normand)
The First Dance

English version by
Henry G. Chapman

J. Massenet

Brioso, allegro, leggero

Des   bons vieux   airs   très   con - nus
To   a   good   old   well - known air,

Mar - quant la   ca - den - ce,   A - vec   des ges - tes me - nus   La   fil - let - te
Full   of pret - ty glanc - es   And well   in   time, this   fair   Lit - tle maid - en

dan - - se.
danc - - es.

El - le va, vient, en sau-tant Tou-jours a - vec grâ - ce,
Light-ly springs the lit - tle dame, Than a bird a - lert - er;

Et ce jeu nou-veau pour - tant Point ne l'em-bar - ras -
Nev - er - the - less, this new game Does not dis - con - cert

se.
her.

Son pied sur le clair par-quet Glisse ou se dé-
On the shin-ing floor her feet Twin-kle thro' their

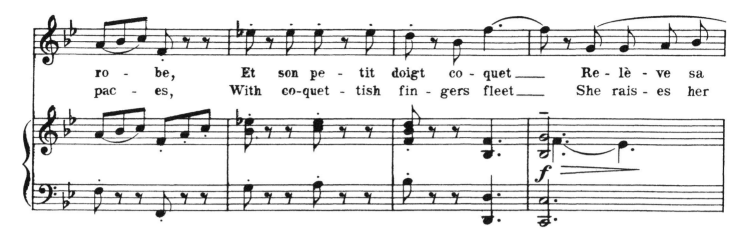

ro - be, Et son pe - tit doigt co - quet___ Re - lè - ve sa
pac - es, With co-quet - tish fin - gers fleet___ She rais - es her

ro - be.
dress - es. .

Cinq
Just

ans! et pas de le - cons! Mais c'est ru - sé, da - me!
five! And les-sons had none! But all the wiles, hey - day!

Et ça vous a des fa - çons De bel - le ma - da - me.
And all the airs, ev - 'ry one, Of an - y fine la - dy.

Ça se cambre a - vec or - gueil, Ça vous prend des po - ses,
How she preens with pride, this mite! How her pose com - pels you!

Et dé - jà, du coin de l'œil, Ça vous dit des cho - ses.
And with the tail of her eye Man - y things she tells you.

Ça vous dit: «Re - gar - dez - moi Tour - ner et sou - ri - re;
Ah! says she, Just look at me! Who would not de - sire me?

Je suis char - mante et, ma foi! J'ai - me qu'on m'ad - mi - re!
I'm ve - ry charm - ing and want you all to ad - mire me!

poco ritard.

Albaÿde

(Victor Hugo)

English version by
G. J. S. White

Ch. M. Widor

Je veil - le, et nuit et jour mon front_____ rêve en - flam - mé;_____ ma joue en pleurs_____ ruis - sel - le_____ de - puis_____ qu'Al - ba - ÿ - dé

In sor - row and an - guish day and night_____ my heart doth wake,_____ and wet with tears_____ my cheeks_____ are now_____ since Al - bay - dé

dans la tombe a fer - mé   ses beaux yeux de ga - zel -
has in death closed those eyes   that ga - zelle - like did glis -

le.
ten.

Car Elle a - vait quinze ans,   un sou -
But fif - teen years was she,   with the

rire in - gé - nu,   et m'ai - mait sans mé -
smile of a child,   and her love nev - er

lan - - - ge, sans _____ mé - lan - - - ge;
fal - - ter'd, nev - - er fal - - ter'd;

et quand _____ El - le croi - sait ses bras
and when _____ with fold - ed arms she stood

sur son sein nu, on croi - yait voir un an -
shield - - ing her heart, she was fair as an an - -

ge.
gel.

To Madame Melba

Chère Nuit
(Eugène Adenis)

Dearest Night

English version by
George L. Osgood

Molto tranquillo (without dragging)
quietly, sweetly and with expression

Alfred Bachelet

ons ja-loux. J'en - tends chan -
rays he goes. I hear the

ter l'â - me des cho - ses, Et_____
song Na - ture is sing - - ing, Zeph - -

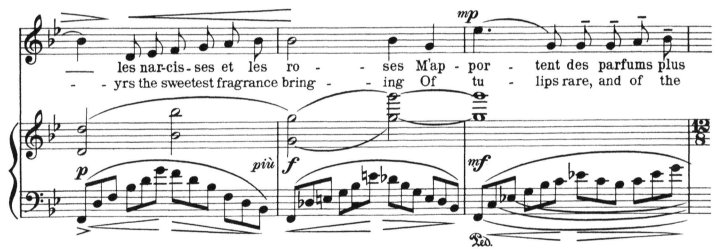

_____ les nar-cis-ses et les ro - - ses M'ap - por - tent des parfums plus
- - yrs the sweetest fragrance bring - - ing Of tu - lips rare, and of the

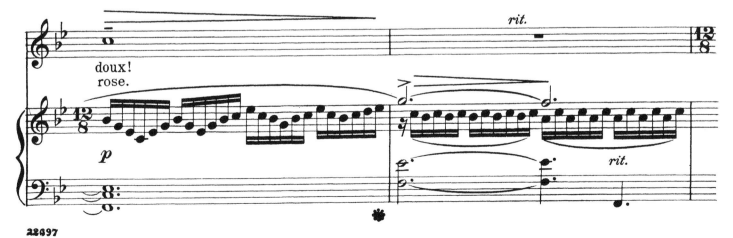

doux!
rose.

Molto tranquillo (without dragging)
quietly, sweetly and with expression

Chè — re nuit_____ aux clar - tés_____ se - rei — nes,
Dear — est night_____ of tran - scend — ent glo — — ry,

Toi qui ra - mè — — nes Le ten - dre a-mant,
Thou who the ten — — der lov — er dost call,

dolce

Ah!_____ des - cends_____ et voi — le la ter — re
Ah!_____ spread out_____ the sil — — ver-y man — tle

Poco animato   *ben misurato*

De ton mys - tè — — re, de ton mys - tè — —
Of thy en - chant — — ment, of thy en - chant — —

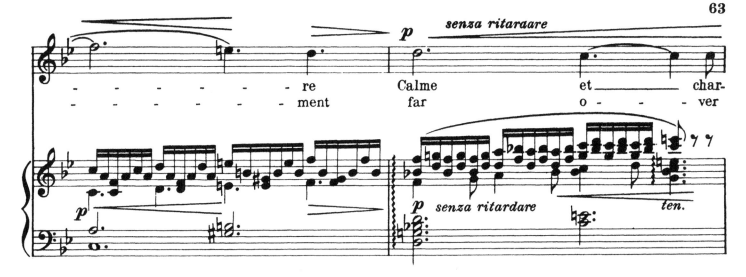

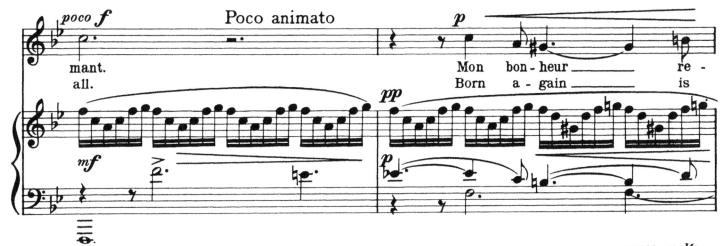

22697

Vieille Chanson

"In the Woods"

(Old Song)

English version by
Henry G. Chapman

Georges Bizet

don ____ que j'au - rai fait, ____ Que de bai - sers, ____ que de bai -
prize ____ as rare as this is, What lots of kiss - es, what lots of

sers! ____ Si ma Lu - cet - te, si ma Lu - cet - te
kiss - es! For if my dar - ling al - ways will pay ____

M'en don - ne deux pour un bou - quet, ____ J'en au - rai dix, ____ j'en au - rai
Two kiss - es just for a bou - quet, ____ I shall have ten, ____ I shall have

dix, ah! _____ J'en au - rai dix pour la fau -
ten, ah! _____ I shall have ten for you, my

22697

a tempo

vet - - te.
star - - ling!

La fau - vet - - te dans le val -
Now the star - - ling down in the

lon ___ A lais - sé son a - mi fi - dè - le, Et tant
dell ___ Had her - self left a faith - ful lov - er, And she

fait, tant fait, tant fait, que de sa pri -
strove so hard, so hard, that it soon be -

son El - le__ s'é - chappe à - ti - re__ d'ai - - - le.
fell, She did__ her lib - er - ty re - cov - - - er.

f *tr*

cresc. *f* *dim.*

Ah! dit le ber - ger dé - so - lé,__ A - dieu les bai-sers de Lu -
Ah! cried the shep-herd in dis - may,__ Good - bye to kiss-es from my

p

cet - te! Tout mon bon - heur__ s'est en - vo - lé__ Sur les
dar - ling! Now all my luck__ has flown a - way__ On your

pp

pp

ai - les__ de la fau - vet - te! Myr -
wings,__ you wretch - ed star - ling! Once

p *sf poco*

til retourne au bois voi - sin,___ Pleu - rant la per - te qu'il a
more a - hunt - ing Myr - til went,___ Yet sad for what he'd failed to

sf poco

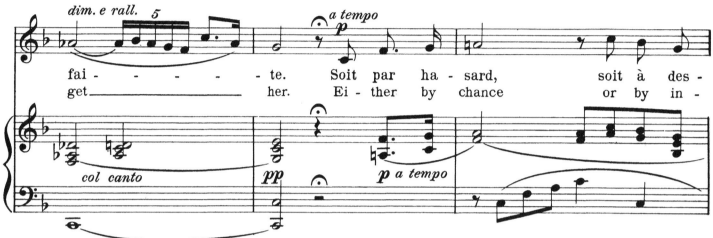

dim. e rall. 5   *a tempo* p

fai - - - - te. Soit par ha - sard, soit à des -
get___ her. Ei - ther by chance or by in -

col canto   *pp*   *p a tempo*

rall.

sein, Dans le bois se trou - vait Lu - cet - - te,
tent, In the wood, there was his Lu - cet - - te;

rall.

a tempo

Et sen - si - ble à ce ga - ge de foi,___
And so, when she saw how true was the lad,___

a tempo

El - le sor-tit de sa re - traite En lui di - sant:___ Con - so - le -
She showed her-self and cried: My dar-ling, Myr - til, she cried,___ Be not so

toi,___ Con - so - le - toi, Myr - til,___ con - so - le - toi. Ah!___
sad,___ be not so sad, Myr - til,___ be not so sad! Ah!___

___ Tu n'as per - du que la fau - vet - - te!
___ There's no - thing lost ex - cept the star - - ling!

Les Papillons

(Théophile Gautier)

Butterflies

English version by
M. Louise Baum

Ernest Chausson

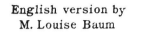

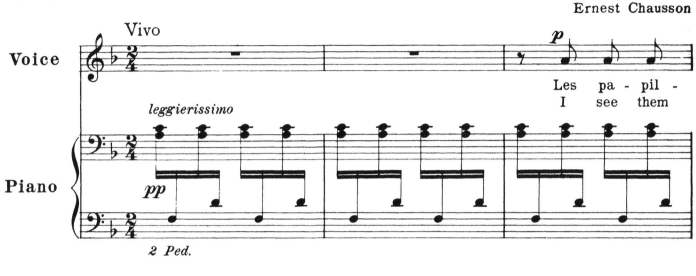

Les pa - pil -
I see them

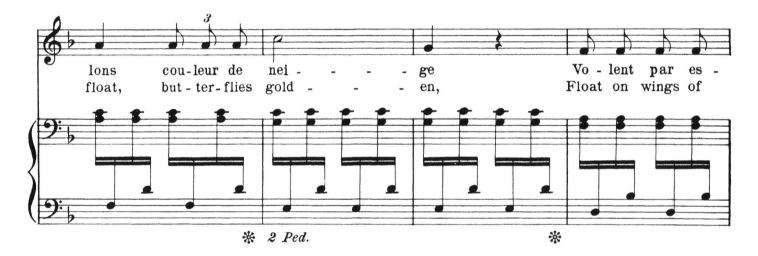

lons cou-leur de nei - - - ge Vo - lent par es -
float, but-ter-flies gold - - en, Float on wings of

saims sur la mer;_____ Beaux pa - pil - lons
air o'er the sea;_____ But - ter-flies all

22697

blancs,
bright,

quand pour - rai - je Pren - dre le
I would fol - low Breez - y blue

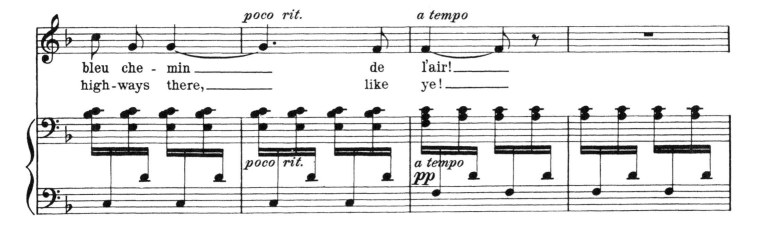

poco rit.   *a tempo*

bleu che - min _____ de l'air! _____
high-ways there, _____ like ye! _____

Sa - vez - vous,
Dost thou know,

ô bel - le des bel - - - -
O thou my be - lov - - - -

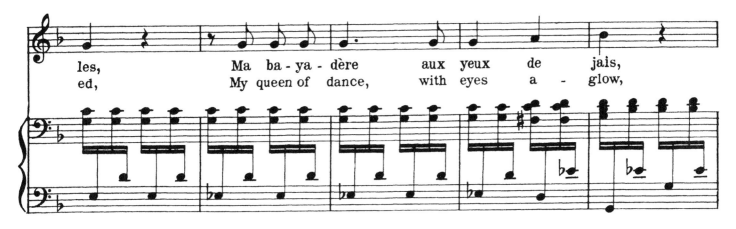

les,
ed,

Ma ba - ya - dère aux yeux de jais,
My queen of dance, with eyes a - glow,

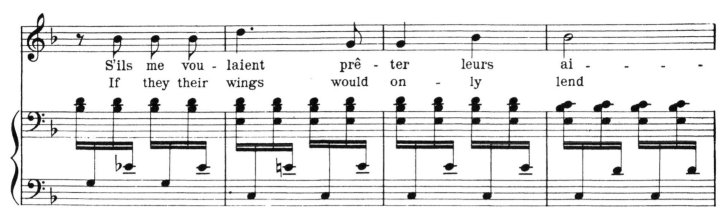

S'ils me vou - laient prê - ter leurs ai - - - -
If they their wings would on - ly lend

les, Di - - - - tes, sa - vez - vous
me, Whith - - - - er I would flee,

où j'i - rais? Sans prendre un
dost thou know? With not a

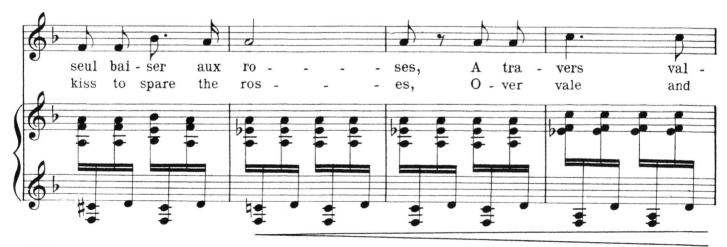

seul bai - ser aux ro - - - ses, A tra - vers val
kiss to spare the ros - - - es, O - ver vale and

lons   et   fo - rêts _____   J'i - rais   à   vos
hill   would   I   fly, _____   I'd   find   out   thy

lèv - res   mi - clo - - - ses,   Fleur de   mon
lips mute - ly   smil - - - ing,   Flow'r of   my

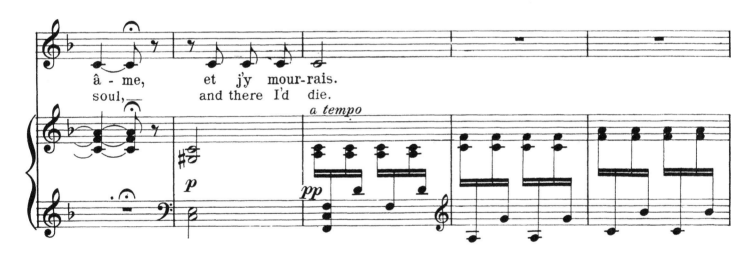

â - me,   et   j'y   mour-rais.
soul, _____   and there   I'd   die.

Haï luli
Sad and lonely

Ballade

English version by
Jane Kerley

Arthur Coquard

Copyright, 1942, by G. Schirmer, Inc.

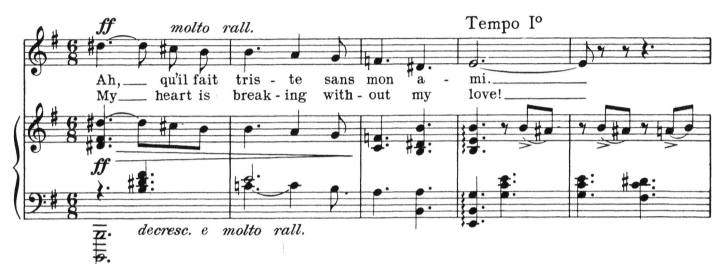

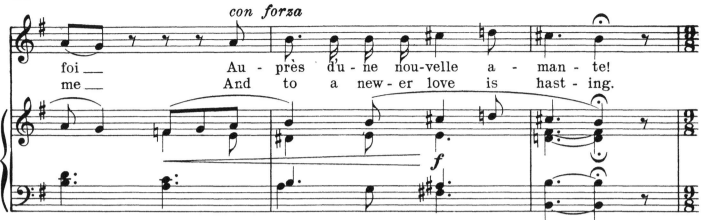

foi ___
me ___

Au - près d'u - ne nou - velle a - man - te!
And to a new - er love is hast - ing.

Ha - ï lu - li!
O heav'n a - bove!

Ha - ï lu - li!
O heav'n a - bove!

Ha - ï lu - li!
O heav'n a - bove!

Au - rais - je per - du, ___ per - du mon a - mi? ___
Can I ___ then have lost, ___ have lost him I love? ___

Ah! s'il est vrai, s'il est vrai qu'il soit vo -
If it is true, if 'tis true, I am for -

Bonjour, Suzon!

(Alfred de Musset)

Good-Morning, Sue!

English version by
Dr. Th. Baker

Léo Delibes

Allegretto vivo

Bon - jour, Su -
Good-morning,

zon, ma fleur des bois!_____ Es - tu tou -
Sue, my fleur-de - lis!_____ And are you

jours la plus jo - li - e? Je re - viens
still the pret - tiest maid_____ here? I'm home a -

tel que tu me vois,_____ D'un grand voy - age en I - ta -
gain, as you may see,_____ From It - a - ly and far a -

li - - e. Du pa - ra - dis j'ai fait le tour,_____
way,____ dear! I've trav - ell'd Par - a - dise all through,_____

J'ai fait des vers, j'ai fait l'a - mour,_____
I have made love, and vers - es, too,_____

un poco riten.

J'ai fait des vers, j'ai fait l'a - mour. Mais que t'im -
I have made love, and vers - es, too! But why should

por - te, mais que t'im - por - te? Je pas - se
you care? but why should you care? I'm pass - ing

de - vant ta mai - son, je pas - se de - vant ta mai - son,
by your door to - day, I'm pass - ing by your door to - day,

Ou - vre ta por - te, ou - vre ta por - te!
So let me in, I pray, so let me in, I pray!

Bon - jour, Su - zon! bon - jour, Su - zon!
Good-morn-ing, Sue! Good-morn-ing, Sue!

Je t'ai vue au temps des li - las, _____ Ton cœur joy-
In li - lac - time I saw you last; _____ Your mer - ry

eux ve - nait d'é - clo - re, Et tu di - sais, je ne veux
heart was just a - wak - ing, And then you told me, "Not so

pas, _____ Je ne veux pas qu'on m'ai - me en - co - re.
fast, _____ You can - not have me for the tak - ing!"

22697

Qu'as - tu fait de - puis mon dé - part?_____
What have you done while I was gone?_____

Qui part trop tôt re - vient trop tard,_____
He comes too late, who leaves too soon!_____

un poco riten.

Qui part trop tôt re - vient trop tard!
He comes too late, who leaves too soon!

Mais que m'im -
But why should

un poco riten.

a tempo

por - te, mais que m'im - por - te?
I care? but why should I care?

Je pas - se
I'm pass - ing

a tempo

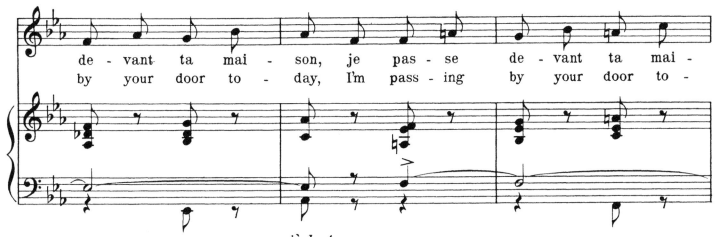

de - vant ta mai - son, je pas - se de - vant ta mai -
by your door to - day, I'm pass - ing by your door to -

più lento
pp

son; Ou - vre ta por - te ou - vre ta
day, So let me in, I pray, so let me

pp colla voce

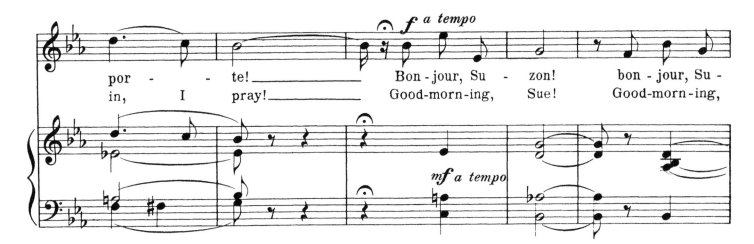

f a tempo

por - te! _____ Bon - jour, Su - zon! bon - jour, Su -
in, I pray! _____ Good - morn - ing, Sue! Good - morn - ing,

mf a tempo

zon!
Sue!

f

Après un Rêve

(From the Tuscan, by Romain Bussine)

After a Dream

English version by
Henry G. Chapman

Gabriel Fauré

Tu ray - on - nais comme un ciel___ é - clai - ré par l'au -
All ra - diant thou as the sky___ at Au - ro - ra's ap -

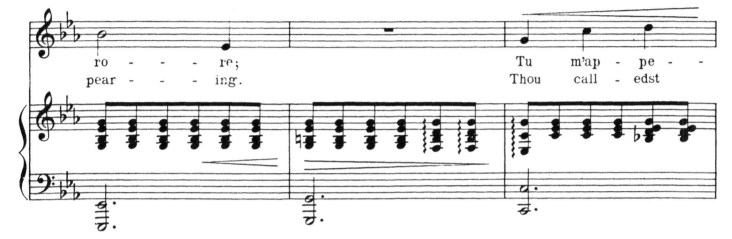

ro - - re; Tu m'ap - pe -
pear - - ing. Thou call - edst

lais___ et je quit - tais la ter - - re Pour m'en - fuir a - vec
me!___ and to me it was giv - - en To de - part from this

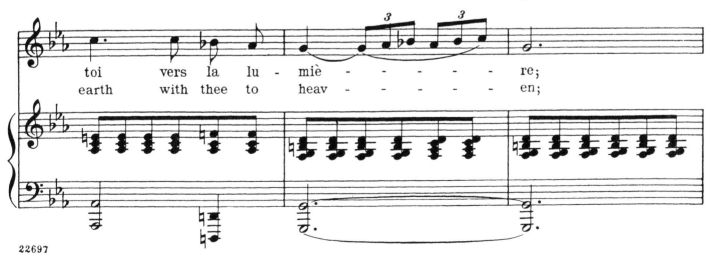

toi vers la lu - miè - - - - - - re;
earth with thee to heav - - - - - en;

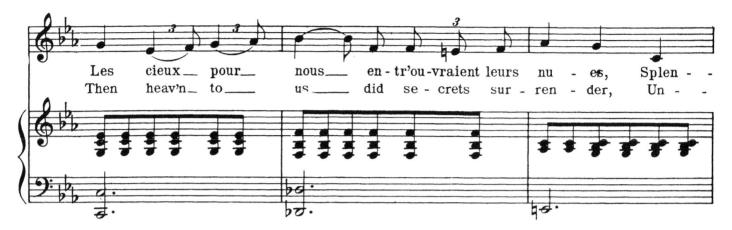

Les cieux__ pour__ nous__ en-tr'ou-vraient leurs nu - es, Splen -
Then heav'n__ to__ us__ did se-crets sur-ren - der, Un - -

cresc. poco a poco

deurs__ in - con - nu - es, Lu - eurs di - vi - nes en - tre -
dream'd__ of__ in splen - dor, Glimps - es of glo - ry, deep__ and

cresc. poco a poco

vu - es. Hé - las! Hé - las, tris - te ré - veil__ des
ten - der. A - las! a - las! Sad 'tis to wake__ from

dim.

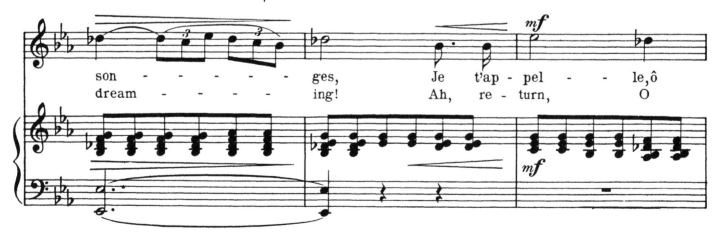

son - - - - - ges, Je t'ap-pel - - le, ô
dream - - - - ing! Ah, re - turn, O

nuit,_____ rends-moi tes men - son - - - - ges, Re -
night,__ give me back__ thy seem - - - - ing! Re -

viens, re - viens ra - di - eu - - - - -
turn, re - turn in thy splen - - - - -

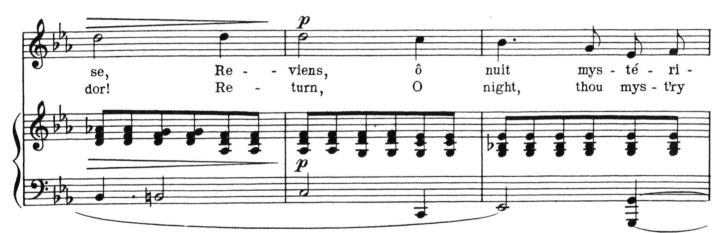

se, Re - viens, ô nuit mys - té - ri -
dor! Re - turn, O night, thou mys - t'ry

eu - - - - - - - - - se!
ten - - - - - - - - - der!

Le Charme

The Charm

Armand Silvestre:
«Chanson des heures»

English version by
Henry G. Chapman

Ernest Chausson.
Op. 2, No 2

Quand ton sou - ri - re me sur-prit, Je sen - tis fré - mir tout mon ê - tre,
When you sur-prised me with your smile, All my be-ing thrilled with e - mo - tion;

Mais ce qui domp-tait mon es - prit, Je ne pus d'a-bord le con - naî - tre.
What it was un-manned me the while, I had not at first an - y no - tion.

Quand ton re - gard tom-ba sur moi, Je sen - tis mon â - me se fon - dre,
And when your glanc - es fell on me, All my soul was melt - ed with - in me;

Le Mariage des Roses

(Eugène David)

The Marriage of the Roses

English version by
Henry G. Chapman

César Franck

cet hy - men est char - mant,_____ cet hy - men est char -
it is charm - ing, I vow,_____ it is charm - ing, I

mant!_____ Quel - les ten - dres cho - ses El - les
vow:_____ Sweet - est scents are car - ried When the

di - sent en ou - vrant_____ Leurs pau - piè - - res
eye - lids o - pen now_____ That in sleep_____ had

poco rall.

clo - - ses! Mi - gnon - ne, sais - tu com - ment S'é - pou - sent les
tar - - ried. My love, and know'st thou not how The ros - es are

poco rall.

ro - ses? El - les di - sent: ai-mons-nous!___ Si courte est la
mar - - ried? Say the ros - es: "Let us love!___ The mo - ments are

vi - e! Ay - ons les bai - sers plus doux,___ L'â - me plus ra -
fly - ing; Let us by our kiss - es prove___ That love is un -

vi - e! Pen - dant que l'homme à ge - noux___ Doute, es - père ou pri - e!
dy - ing, While with prayers the world to move___ Men are vain - ly try - ing.

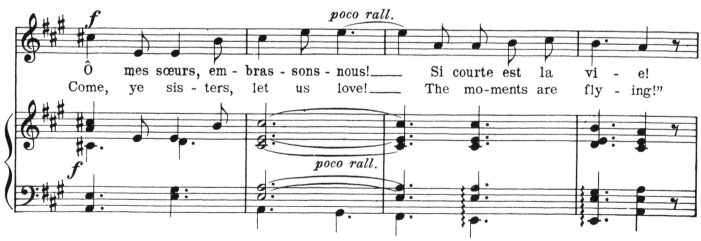

Ô mes sœurs, em - bras - sons - nous!___ Si courte est la vi - e!
Come, ye sis - ters, let us love!___ The mo - ments are fly - ing!"

Tempo I

dolce

cantabile

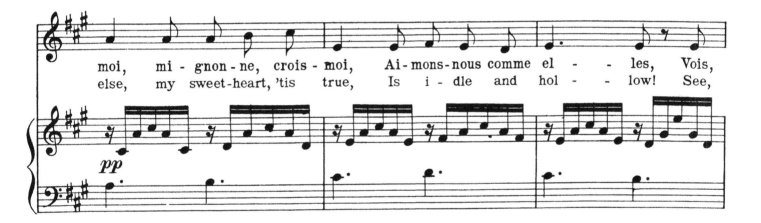

Crois -
All

moi,   mi - gnon - ne, crois - moi,   Ai - mons - nous comme el -   - les, Vois,
else,   my sweet-heart, 'tis true,   Is i - dle and hol -   - low! See,

pp

le   prin - temps vient à   toi, _____ Le prin - temps vient à
spring is com - ing to   you, _____ spring is com - ing to

toi, _____ Et des hi - ron - del - les; Ai - mer
you, _____ With the spring the swal - - low. 'Tis the

est l'u - ni - que loi _____ A leurs nids _____ fi -
law of love they knew, _____ 'Tis the law _____ they

cresc.

dè - les. Ô ma rei - ne, suis ton
fol - - low. O my Queen, all else, 'tis

cresc.

poco rit.

roi, Ai - mons - nous comme el - - les.
true, Is i - dle and hol - - low.

poco rit.

Ex - cep - té d'a - voir ai - mé,____ Qu'est - il donc sur ter - re?
For, if love be put to flight,____ Is this life worth liv - ing?

Notre ho - ri - zon est fer - mé,____ Om - bre, nuit, mys - tè - re!
Then the world would be but night;____ Dim shad - ows, and griev - ing!

Un seul phare est al - lu - mé,____ L'a - mour nous l'é - clai - re.
Love a - lone's a bea - con - light,____ Its rays ev - er giv - ing;

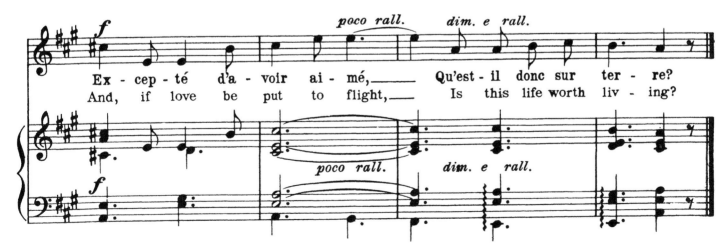

Ex - cep - té d'a - voir ai - mé,____ Qu'est - il donc sur ter - re?
And, if love be put to flight,____ Is this life worth liv - ing?

Brises d'autrefois
(Henry Gauthier–Villars)

Breezes of Other Days

English version by
Henry G.Chapman

Georges Hüe

Les é - tof - fes au mur ten - du - es S'al - lu - ment au so - leil cou -
Silk - en cur - tains rich - ly fall - ing Re - flect the sunlight's fad - ing

chant; Et ta voix douce est comme un chant Plein
glow; Sweet as a song thy voice, and low, Brings

de pa - ro - les en - ten - du - es Au - tre - fois, au so - leil
to me, man - y a word re - call - ing, Oth - er days, when the sun

cou - chant, Dans les parcs où nous pro - me -
was low O'er the fields where we trod the

nâ - mes, L'or-gueil d'un jeune en - chan - te - ment Dans la croy-
heath - er, In all the pride of love's young dream; How sa-cred

an - ce du ser - ment Dont nous a - vons li - é nos â - mes:
did each promise seem, By which we bound our souls to - geth - er:

Più lento

a tempo

Ô   le   su - prême   en - chan - te - ment! _____
O   for   the   joy   of that young   dream! _____

Il   pas - se dans tes lour-des tres - ses   Un par-
And   waft - ed from thy heav - y   tress - es, Comes a

fum sub-til   et con - nu;
per-fume faint   that   I   know,

Tout à l'heure   il
So my heart,   a

m'est re - ve - nu   Au   cœur _____   de très
mo - ment a - go,   Re - lived _____   long and

taient   les   bri - ses   er - ran - tes   Sur ces. li -
breez - es   blew from   old   bow - ers   A - cross thy

las _____ et ces _____ jas - mins.
hair, _____ and brought _____ to me.

Les Roses d'Ispahan

(Leconte de Lisle)

The Rose of Ispahan

English version by
Henry G.Chapman

Gabriel Fauré

Andantino (♩=60)

Les ro - ses d'Is - pa - han dans leur gaî - ne de
The rose of Is - pa - han in its cra - dle of

mous - se, Les jas - mins de Mos - soul, les fleurs de l'o - ran - ger,
moss - es, The jas - min of Mos - soul, the or - ange-blos - som wreath,

Ont un par-fum moins frais, ont u - ne o-deur moins dou - ce,
They have a sweet less sweet, less grateful is their fra - grance,

22697

Ô blan - che Le - ï - lah! que ton souf - fle lé - ger.
Oh, fair - est Le - i - la! than thy lips' light - est breath.

Ta lè - vre est de co -
Thy lips are cor - al -

rail et ton ri - re lé - ger____ Son - ne mieux que l'eau vi -
red, and thy laugh - ter is light,____ Run - ning wa - ter it seems,____

- ve et d'u - ne voix plus dou - - ce,
__ yet is the sound far sweet - - er;

Il n'est plus de par - fum dans le pâ - le o - ran - ger,
All the fra - grance is gone from the or-ange-buds bright,

Ni de cé - les - te a - rome aux ro - ses dans leur mous - -
All the per - fume of heav'n has left the moss - y ros - -

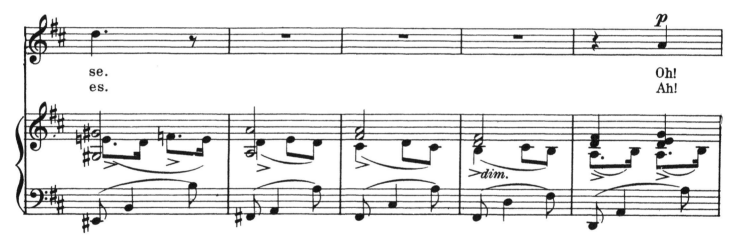

se.   Oh!
es.   Ah!

que ton jeu - ne a - mour, ce pa - pil - lon lé - ger,   Re -
let thy sweet young love, a but - ter-fly, a - light,   Here

Nell

(Leconte de Lisle)

English version by
M. Louise Baum

Gabriel Fauré. Op. 18, No 1

Voice

Andante, quasi allegretto (♩ = 66)

Ta ro - se de pour - pre à ton
Thy rare pur - ple rose 'mid thy

Piano

pp sempre   sempre legato

clair so - leil,   ô   Juin,   é - tin - cel - le en - i -
morn-ing glows,   O   June,   with a fer - - vor com -

vré - - - e,   Penche aus - si vers moi   ta cou -
pel - - - ling;   For my heart then pour   thy vint - age

pe do - ré - - e: mon   cœur   à   ta   rose   est pa -
o'er and o'er,_____ Thine   ar -   dor   it   knows,   thou June

reil._____   Sous   le   mol   a -   bri   de   la
rose!_____   From   the   arch - ing   green   of   the

espress.

feuille om - breu - - - se   Mon -   te un   sou - pir   de   vo - lup-
wood-land shad - - - y   Floats   forth   a   sigh,   ec - stat - ic

té:_____   Plus__   d'un   ra - mier   chante au   bois
sweet,_____   Ev - 'ry   bough   a - long   doth ech - o

cresc.

é - car - té,   Ô mon cœur,   sa plain - te a - mou -
such a song,   Love - ly June,   as mine to my

reu - - - - - - se.
la - - - - - - dy!

Que ta perle est dou - ce au ciel en - flammé,
Tho' the pearl - y light 'mid the ar - dent night

É - toi - le de la nuit pen - si - ve!_____ Mais com -
Is clear and sweet of thy fair moon,_____ Far more

bien plus dou - - - ce est la clar - té vi - - ve Qui ray -
sweet and clear   is the   shin - ing here,_____ In my

cresc.

on - - ne en mon cœur,_____   en mon cœur char -
love - light - ed heart,_____   in my heart,_ O,_

poco cresc.

f

mé!_____
June!_____

mf   *pp*

dolce

La chan - tan - te mer,   le long   du ri - va - - ge, tai -
For thy sing - ing sea,   where white   beach - es   be,_____ Shall

dolciss.

112

ra son mur - mu - re é - ter - nel,_____ A - vant
song - less and si - lent be sleep - - ing, Ere I

qu'en mon cœur, chè - re a - mour, ô Nell, ne fleu -
cease to tell how I love my Nell, For my

ris - se plus ton i - ma - ge! ne fleu - ris - se plus ton i -
heart is aye in her keep - ing! For my heart is aye in her

ma - - - - - ge!
keep - - - - ing!

22697

Rencontre

(Charles Grandmougin)

A Meeting

English version by
M. Louise Baum

Gabriel Fauré. Op. **21**, № **1**

ré - - e, Et le rêve i - dé - al pour-sui -
set _____ thee, The i - de - al made real _ ah! so

vi vai - ne - ment? O passante aux doux
long sought in vain! O pass-er, sweet of

yeux, se - rais - tu donc l'a - mi - e Qui ren-drait le bon -
face, wouldst thou but be my sol - ace, A friend to car - ry

heur au po - ète i - so - lé, Et vas-tu ray - on -
peace to the po - et a - part! Ah! wilt thou shine for

poco a poco cresc.

ner   sur mon âme af - fer - mi - - e, Com-me le ciel na -
me,   il - lume my spir - it's pris - on, As shines his na - tive

tal _____ sur un cœur d'ex - i - lé?
sky _____ on the ex - ile's sad heart?

Ta tris-tes - se sau-vage, à la mien - ne pa - reil - - le, Aime à
Thy un-tam'd, restless soul, of my own the true sis - - ter, Loves to

voir   le so - leil   dé - cli - ner sur la mer!
watch   how the sun   dips red - ly to   the sea!

De - vant l'im - men - si - té ton ex - ta - se s'é -
In awe be - fore the deep, thou to rap - ture art

veil - - le, Et le char - me des soirs à ta belle
wak - - en'd, And the twi - light's pure glow, sweet soul, is

dolce

âme est cher. U - ne mys - té - ri -
dear to thee! A mys - ter - y di -

pp

euse et dou - ce sym - pa - thi - e Dé - jà m'en - chaîne à
vine, a sym - pa - thy un - ut - ter'd, Al - read - y links my

toi comme un vi-vant li - en, Et mon â - me fré -
heart to thine with liv - ing spell; My soul is all a -

mit, par l'a-mour en - va-hi - e, Et mon cœur te ché -
throb with new-born love's be-stow - al; Thou art my all in

rit _____ sans te con - naî - - - - - tre
all, _____ ere I have known _____ thee

bien. _____
well. _____

22697

L'Esclave
(Théophile Gautier)
The Bondmaid

English version by
Dr. Th. Baker

ÉDOUARD LALO

Et par la fe-nê-tre gril-lé - - e
And, thro' the bars of my win - - dow,

Je re-gar-de l'oi-seau joy-eux fen-dant les cieux!
see a-far the hap-py bird that cleaves the air!

Au-près de lui,
A-wak-'ning hope!

belle es-pé-ran - ce, Por-te-moi sur tes
joy-ful-ly bear me un-to him, on thy

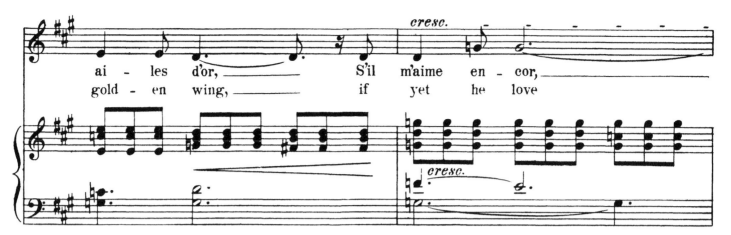

ai - les d'or, _____ S'il m'aime en - cor, _____
gold - en wing, _____ if yet he love

me, _____ S'il m'aime en - cor! _____
me, _____ if yet he love me! _____

Et pour en-dor-mir ma souf - fran - ce, Sus-pens mon â - me
And wilt thou al-lay my love-an - guish, then lay my spir - it

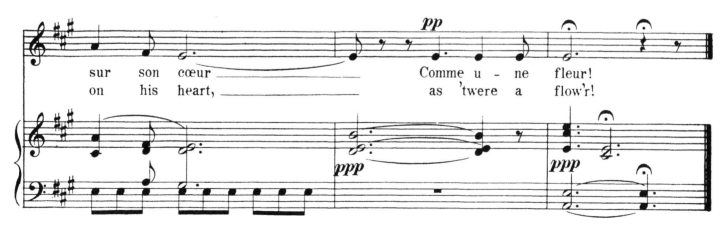

sur son cœur _____ Comme u - ne fleur!
on his heart, _____ as 'twere a flow'r!

Soir
(Albert Samain)
Evening

English version by
Henry G. Chapman

Gabriel Fauré. Op. 74, Nº 2

Voi - ci que les jar - dins de la nuit vont fleu - rir. Les li - gnes, les cou - leurs, les sons de - vien - nent va - gues; Vois! le der - nier ray-on a - go - nise à tes ba - gues: Ma sœur, en - tends - tu pas quel - que cho - se mou -

The gar - dens of the night soon will bloom in the sky, All col - ors, ev - 'ry shape and form, are grow - ing dim - mer; See! the ex - pir - ing rays on thy rings faintly glim - mer. My sis - ter, dost not hear e - ven now some - thing

22697

rir?_____ Mets sur mon front tes mains fraî - ches comme une eau
die?_____ Be thy cool hands on my fore - head like wa - ters

pu - re, Mets sur mes yeux tes mains dou - ces com - me des
chil - - ly, Thy gen - tle hands on my eye - lids soft as a

fleurs,_____ Et que mon âme où vit le goût se - cret des
flow'r,_____ And thou my soul, that loves to live in sor - row's

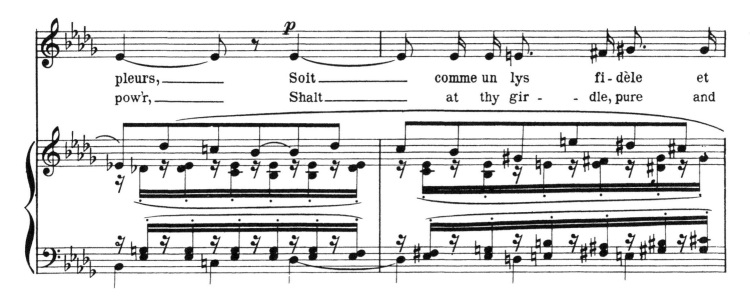

pleurs,_____ Soit_____ comme un lys fi-dèle et
pow'r,_____ Shalt_____ at thy gir - dle, pure and

pâle à ta cein-tu - - re!_____
true, wear like a lil - - y!_____

C'est la pi-tié qui pose ain - si son doigt sur
'Tis sym-pa-thy that thus on us its hand has

nous,_____ Et tout ce que la terre a de sou-pirs qui mon - tent, Il
laid,_____ And ev-'ry hu-man sigh that from the earth a - ris - es, I

sem - ble,qu'à mon cœur en-i-vré, le ra-con - tent Tes
fan - cy that my pas-sionate heart sur - pris - es In thine

yeux le - vés au ciel,_____ si tris - - tes_____
eyes up-rais'd to heav'n,_____ so gen - - tle_____

— et si doux!_____
— and so sad._____

La Chanson de l'Alouette

(V. de Laprade)

The Lark's Song

English version by
Henry G. Chapman

Édouard Lalo

Je suis, je suis le cri de joi - - e Qui
'Tis I, 'tis I that am the cry_____ Of

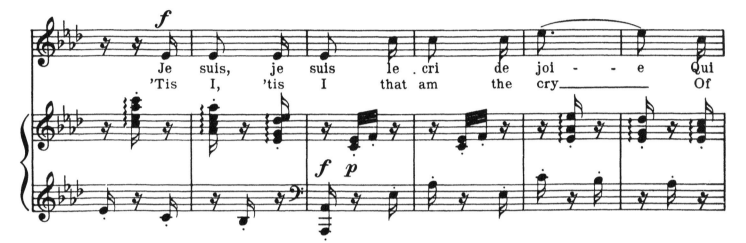

sort des prés_____ à leur ré - veil;_____
joy that springs_____ from fields a - wake;_____

Et c'est moi que la terre en - voi - - e Of-
Yes, 'tis I who from earth do hie,_____ Good-

22697

frir _____ le sa - lut _____ au so - leil! _____
mor - row _____ to the sun _____ to take!_____

Je pars _____ des
I leave _____ the

chau - mes blancs de bru - me, À mes pieds___ flotte un fil d'ar-
meads of mist - y heath - er, From my foot___ floats a sil - v'ry

gent, La ro - sée_____ em - pour - pre ma plu - me Et je la
thread, While the dew_____ is bright on each feath - er, And this I

una corda

voix_____ est sans no-te plain-.ti - ve, Je ne dis rien au
voice_____ has no ech-o of sor - row, Ne'er of the eve - ning

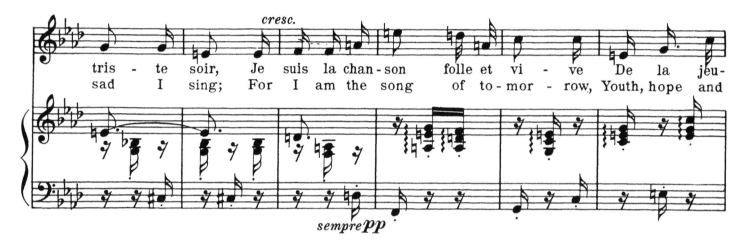

tris - te soir, Je suis la chan-son folle et vi - ve De la jeu-
sad I sing; For I am the song of to-mor - row, Youth, hope and

cresc.

sempre **pp**

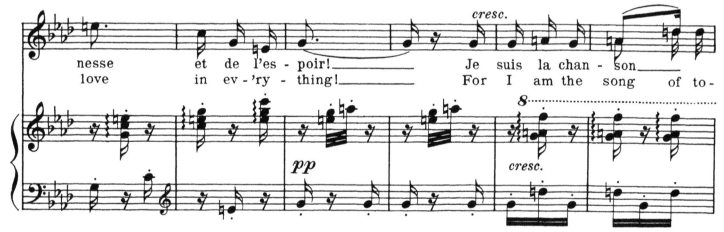

nesse et de l'es - poir!_____ Je suis la chan - son___
love in ev-'ry - thing!_____ For I am the song of to-

cresc.

pp

cresc.

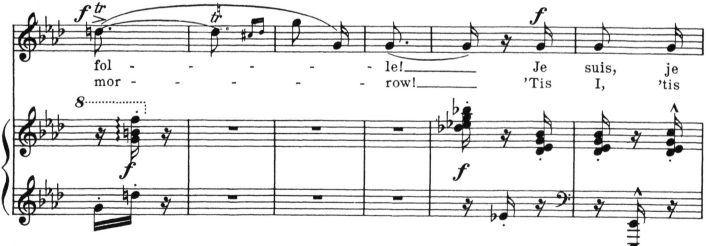

fol - - - - - le!_____ Je suis, je
mor - - - - - row!_____ 'Tis I, 'tis

f tr *tr* *f*

f

f

suis__ le cri de joi - - e Qui sort des prés__
I__ that am the cry_____ Of joy des that springs__

__ à leur ré - veil;_____ Et c'est moi
__ from fields a - wake;_____ Yes, 'tis I

que la terre en - voi - - e Of - frir_____ le sa -
who from earth do hie,_____ Good-mor - row__ to the

lut au so - leil!_____
sun_____ to take!_____

Sur une Tombe
On a Tomb

English version by
Henry G. Chapman

Guillaume Lekeu

ver, où ma pen-sée a re-vé-cu ton sou-ve-nir, se sont en-
eves, when all my thoughts were filled with memo-ries of thee, are o-ver

2 Ped. * *2 Ped.* * *2 Ped.* * *2 Ped.* * *2 Ped.* * *2 Ped.* *

rall.

fuis; et c'est ta tom - be qu'au-jour-d'hui j'ai vou-lu re-
now; And 'tis thy tomb that once a - gain I have come to

più pp
ppp una corda
colla voce

2 Ped. * *2 Ped.* *

Lento assai Tempo I

voir.
see.

pp 3
tre corde

Ped. *

Oh! puis-ses- tu, de cet-te tombe ai - mée où les vio - let-tes et les
Ah! would that thou, from this dear grave of thine, where now these vi - o - lets and

pp
pp una corda
3

Ped. *

ro - ses pro - tè - gent dou - ce - ment ton pai - si - ble som -
ros - es so ten - der - ly pro - tect and watch o - ver thy

tre corde

meil, puis-ses - tu res-pi-rer la sen - teur tris-te et
rest, would that thou couldst in - hale aught of the sweet, sad

sfpp *una corda* *sino al Fine* *pp*

ten - dre de l'im-mor-tel - le fleur qu'en mon cœur___ fit é - clo - re
per - fume of the im-mor-tal flow'r that our love___ ev - er - last - ing

dolce Lento assai *dolciss.*

no - tre A-mour é - ter - nel, no-tre A-mour é - ter - nel!
has brought forth in my breast, has brought forth in my breast!

pp *ppp*

Le Nil

(Armand Renaud)

The Nile

English version by
Henry G. Chapman

Xavier Leroux

Les eaux du Nil, toutes pâ - les, s'é -
The Nile's pale wa - - ters are si - lent - ly

cou - - lent
creep - - ing

Sous les é - toi - - les de la
Un - der the star - - lit sky a -

je se-coue Mes che-veux d'or ____ sur ses ge-noux. ____
down and throw My gold-en hair ____ o-ver his knee. ____

Et les grands sphinx, dans la plai - ne in-fi-
Then the great Sphynx - - es on vague, ____ end - less

nie, ____ Nous ____ re-gar-dant pas - ser ____ près d'eux,
plains, ____ Watch - ing us slow-ly pass - - ing through,

Con - fu - sé - ment ____ ver - sent une har-mo-
Mys - te - rious-ly ____ pour ____ har - mo - nious

Le Roitelet

(A. Theuriet)

The Wren

English version by
Henry G. Chapman

E. Paladilhe

Ra-pi - de comme un rê - ve, Vif comme un feu fol-
As swift as pass-ing fan - cy, As Jack'- o'- lan-tern

let, Tu vol-ti - ges sans trê - ve___ Du chêne au ser-po-
fey, Thou dost flit with-out rest - ing___ From bough to bough al-

let,_____ Aile a - ler - - te et mi - gnon - ne, Pe - tit por -
way,_____ On thy wings small and dar - ing, Lit - tle crown-

te - cou - ron - ne, Roi - te - let,_____ Roi - te -
let a - wear - ing: Lit - tle__ wren!_____ Roi - te -

let!_____
let!_____

Sous la bran - che qui pous - se Comme un vert man-te - let,
'Neath the branch - es o'er-hang-ing Like a green man-tle gay,

Ton nid, ber-ceau de mous - se, Fuit l'œil du tier - ce - let.
Thy nest, a moss-y cra - dle, From mink's eye hides a - way.

C'est là qu'est ton roy-au - me, L'o - deur des pins l'em-bau - me,
Here is thy realm con-tent-ed, By breath of pine-trees scent-ed,

Roi - te - let, Roi - te - let!
Lit - tle king! Roi - te - let!

C'est là qu'est ta ni-ché - e,
Here is thy hid-den cor - ner!

p *f* *molto dim.* *pp sempre stacc.*

f *p*

Dix œufs blancs com-me lait,
Here thy mate - let did lay

Ta pon-deu - se ca-ché - e___
Ten wee eggs of the whit - est,___

sfz *pp*

p

Ped. *✲*

___ Les cou - ve, et ton fi - let De voix joy-eux et frê - le
___ And here___ thy voice so gay In mer - ry notes a - swell - ing,

sfz

8

sfz

Ped. *✲*

Dit par-tout la nou-vel - - le, Roi te -
Joy-ful ti - dings is tell - - ing, Lit - tle -

let,_____ Roi - te - let!_____
wren!_____ Roi - te - let!_____

Même en hi -
In win - ter

ver en-co-re L'arbre en-tend ton sif-flet, Ta huppe à
e'en thy twit-ter Do we hear 'midst the snow, Thy ruf-fled

crête au-ro-re___ Y laisse un chaud re-flet,___ Et les bois
crest doth glit-ter,___ And shed a rud-dy glow,___ And the woods,

blancs de gi-vre Par toi seul sem-blent vi-vre, Roi-te-
white and lone-ly, Seem a-live thro' thee on-ly, Lit-tle__

let,___ Roi-te-let!___
wren!___ Roi-te-let!___

Les trois Prières

(Emm. des Essarts)

Three Prayers

English version by
Henry G. Chapman

E. Paladilhe

A l'heu - re où notre es -
When - e'er__ my pride of

prit moins fier__ S'in - cli - ne comme un Roi pro - phè - te, Je
spir - it yields,__ Then, like a king for mer - cy su - ing, I

Et   comme en u - ne cou - pe d'eau Se
As   one may see a wilt - ed flow'r In

pen - che la fleur ra - ni - mé - - e, Je
wa - ter - vase its life re - cov - - er, In -

mets mon cœur dans un Cre - do, Pour que tu sois la plus ai -
to this creed I put my heart: That I a - lone am thy true

mé - e.
lov - er.

Psyché

(Pierre Corneille)

English version by
Henry G. Chapman

E. Paladilhe

Je suis ja - loux, Psy-ché,
Ah, Psy-che, vex'd am I,

de tou-te la na-tu - re!
all na-ture is so zeal - ous!

Les ray-ons du so - leil_____ vous
Now the kiss of the sun_____ too

22697

bai - sent trop sou - vent,　Vos che - veux souf - frent trop les ca - res - ses du
of - ten finds your cheek,　In your hair now the winds play hide and

vent.　Quand il les flat - te, j'en mur - mu - re!　L'air
seek.　Of such de - vo - tion I am jeal - ous!　The

mê - me que vous res - pi - rez A - vec trop de plai - sir pas - se sur vo - tre
air you breathe makes far too free, Stray-ing o - ver your lips more warm-ly than jo -

bou - che. Votre ha - bit de trop près vous tou - che!　Votre ha -
cose - ly; And your gown clasps your breast too close - ly!　and your

La Solitaire

(Armand Renaud)

From the "Mélodies Persanes"

In Solitude

**English version by
Henry G. Chapman**

C. Saint-Saëns

Ô fier— jeune homme, ô— tu -
Ah, haugh-ty— youth, O— thou

eur— de ga-zel-les,   Ca-va-lier pâle— au re-gard de ve-lours,—
slay-er of wild deer,   Thou horse-man pale,— of the dark, ten-der eye,—

22697

Sur ton_ che - val dont_ les_ pieds_ ont des ai - les
I would_ that_ thou on_ thy_ wing - foot - ed charg - er

Em - por - te - moi vers le ciel_ des a - mours.
Wouldst bear me up to love's heav'n_ on_ high.

J'ai bien_ sou - vent, la nuit,_ sur ma ter - ras - se,
Oft have I_ in the night,_ all lone - ly sit - ting,

Ver - sé des pleurs en te ten - dant_ les bras._
Shed man - y a tear, and stretched my arms_ to thee;_

Sté - rile ef - fort!   C'est l'om - bre que j'em -
But all in vain!   I caught at shad - ows

bras - se,_____ Et mes _____ sang - lots,_____ tu ne les
flit - ting,_____ Thou heard'st_____ no sob,_____ my tears thou

en - tends pas._____
didst not see._____

cresc.

dim.

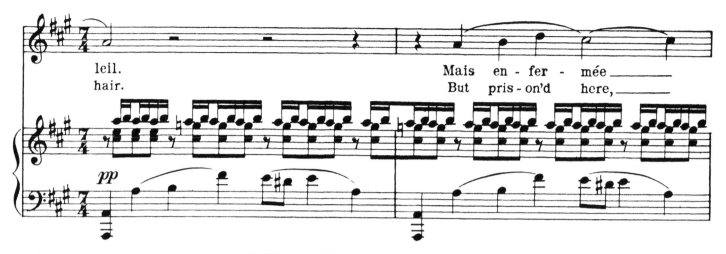

leil.
hair.

Mais en - fer - mée _____
But pris - on'd here, _____

et cou-ver - te de voi - - les,
in a pal - ace re-pin - - ing,

Dans un pa -
I lan - guish

lais, je meurs loin du vrai bien.
far from all I hold most dear.

Pour - quoi des fleurs, _____
Why bloom the flow'rs? _____

et pour-quoi des é - toi - - les,
why are stars yon-der shin - - ing,

Si mon cœur bat et si tu
While beats my heart, and thou dost

n'en sais rien?
nev - er hear?

Mon bien - ai - mé, ter - ri - bles sont tes ar - mes,
Ah, dear my love, thine arms in - deed are might - y,

Ton long fu - sil, ta lan - ce, ton poi-gnard, Et plus que tout, tes yeux
Thy gun so long, thy poi - gnard and thy lance, But, worst of __ all, thine eyes

__ aux som - bres char - mes, Per-çant un cœur a - vec un seul re -
__ of dark-some beau - ty, That pierce the heart with but one sin - gle

gard. _____ Ô fier __ jeune homme, ô __ tu -
glance. _____ Oh, haugh - ty __ youth, oh __ thou

eur __ de ga - zel - les, A leur des - tin mon
slay - er of wild __ deer, Like theirs my fate, me

sort est res - sem - blant._____ Sur ton che-
al - so dost thou slay!_____ And well thou

val dont les pieds ont des ai - les, Joins___ mon cœur
might'st, on thy wing-foot-ed charg-er, Add___ my torn

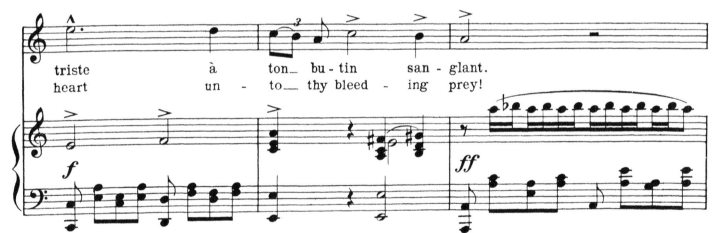

triste à ton_ bu - tin san - glant.
heart un - to_ thy bleed - ing prey!

Le Lever de la Lune

(Poetry imitated from Ossian)

Moonrise

English version by
Henry G. Chapman

C. Saint- Saëns

As one who is love-ly and young
Ainsi qu'une jeune beau-té,
Her lonely
Si-len-ci-

steps in si-lence ur-ges,
euse et so-li-tai-re,
So forth from the sil-ver-y
Des flancs du nu-age ar-gen-

clouds The moon in mys-te-ry e-mer-ges.
té La lu-ne sort a-vec mys-tè-re.

Que fais-tu loin de nous   quand l'au - be blan-chis-san - te Ef -
Far - est thou far a - way   when morn - ing breaks up - on   thee, And

face à nos yeux, à nos yeux at - tris-tés Ton sou - ri - - re char -
takes from our sight with re - gret, from our sight Both the   charm _____ of thy

mant _____ et tes mol - les clar - tés?   Vas -
smile _____ and the aid _____ of thy light?   Dost

tu, _____ comme Os - si - an,   plain - ti - - ve, gé - mis -
thou, _____ like Os-sian here,   with moan - - ings and in

dolciss.

san - - te,   Dans l'a - si - - le de la dou-leur___ En-se-ve-
an - - guish,   Seek in sor - - row to find re - lief,___ And hide thy

lir ta beau - té lan-guis-san - - te?   Fil - le ai - ma - ble du
face, let thy beau - ty lan - guish? ·   Love - ly daugh-ter of

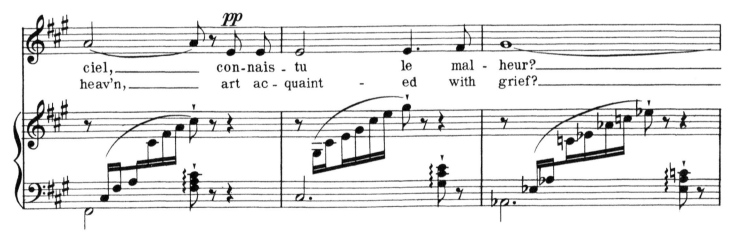

ciel,___ con - nais - tu le mal - heur?___
heav'n,___ art ac - quaint - ed with grief?___

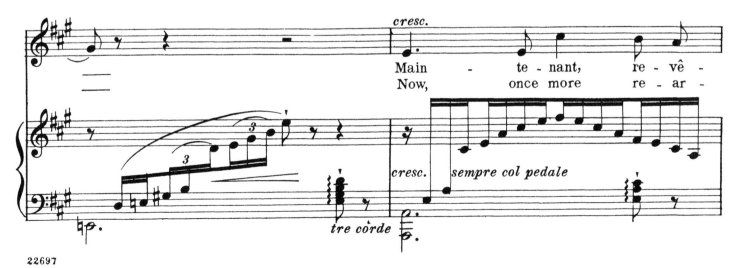

Main - te - nant, re - vê -
Now, once more re - ar -

cresc.   sempre col pedale

tre còrde

22697

tu / rayed . . . de ___ tou - te sa lu - de / in ___ all its wont - ed

miè - re, Ton char ___ vo - lup - tu - / glo - ry, Thy car ___ a - bove the

eux ___ rou - le au - des - sus des / hills ___ rolls ___ on in splen - - dor

monts; Pro - lon - ge, s'il se / dight; De - lay, an if thou

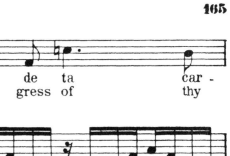

peut,   le cours   de ta   car -
canst,   the pro - gress of   thy

riè - - re,   Et ver - - se sur la
jour - - ney,   And o - - ver all the

mer   tes pai - si - - bles ray - ons.
sea   shed the peace   of   thy light.

una corda

La Cloche

(Victor Hugo)

The Bell

English version by
Henry G. Chapman

C. Saint-Saëns

Seu - le en ta som - bre tour __ aux faî - tes den-te-
Lone __ in thy som - bre tow'r,_ Where rug-ged tur - rets

lés, D'où ton souf-fle des - cend sur les toits é - bran-lés, Ô
frown, Whence thy rum - ble de - scends on the roofs of the town, O

clo-che sus-pen - du - e au mi - lieu des nu - é - es, Par ton vas-te rou-
far - roll - ing bell,_ 'midst the cloud-rack high hanging, Where so of - ten the

lis si sou - vent re - mu - é - es, Tu dors en ce mo - ment dans l'om-
si - lence is jarred by thy clang - ing, Thou slum-b'rest now, and naught dis - turbs

- bre, et rien ne luit Sous ta voû - te pro - fonde où som - meil - le le bruit!
___ the shadows deep 'Neath thy cav - ern - ous throat where thy thun - der's a - sleep.

meno p

Oh!_____ tan - dis qu'un es - prit qui
Ah!_____ and here there's a soul that

jus - qu'à toi s'é - lan - ce, Si - len - ci - eux aus - si, con -
for thy voice is wait - ing, Si - lent as thou is he, thy

tem-ple ton si-len - ce, Sens-tu, par cet ins-tinct
si-lence con - tem-plat - ing; Let some-thing un - to thee

vague et plein de dou-ceur, Qui ré - vè - le tou-jours u - ne
vague-ly, sweet-ly ap - peal, Let a sis - ter in soul to her

sœur à la sœur, Qu'à cette heu - re où s'en-dort la soi-
sis - ter re - veal That as eve - ning de - scends at this

ré - e ex-pi-ran - te, U - ne â - - me est près de
sleep - breath-ing hour, A soul is near thee

Et se plaint dans l'a - mour, com - me
And that pleads in its love, as dost

toi dans le ciel!
thou in the sky,

dans le ciel!
in the sky!

Le fidèle Cœur

(Mme Blanchecotte)

The Faithful Heart

English version by
Henry G. Chapman

Paul Vidal

Je se - rai ta dou - ceur pro - fon - de,
I would be to thy heart its sweet - ness,

Ta der - niè - re joie en ce mon - de,
I would be thy joy in com - plete - ness,

Et jus-qu'au jour
And to e - ter -

22697

d'é - ter - **ni** - té, Ta paix_____ et ta sé - ré - ni - té._____
— ni - ty I'd be Thy peace_____ and thy se - ren - i - ty._____

Oui, je se - rai, dans mon si - len - ce, Ton_____ a - pai - se -
Yes, from my si - lence will flow o'er thee Com - fort blest in

ment de souf-fran - ce, Le su - prê - me ray - on d'espoir Qui
grief to re - store thee; While of hope shall the bless-ed light The

chas - - - se le nu - a - ge noir._____
dark - - - ness quell of deep - est night._____

Et s'il est u-ne sain-te cho-se
If there be one ho-ly bless-ing

Dont le ciel à ja-mais dis-po-se,
Heav'n can of-fer for thy pos-sess ing,

Un cœur vrai,
'Tis a heart

d'in-fle-xible honneur,
true to hon-or's part;

Je se-rai ce fi-dè-le cœur.
I will be that faith-ful heart.

22697

«Je ne veux pas autre chose»

(V. Hugo)

English version by
Henry G. Chapman

"Nothing I ask thee to give me"

Ch. M. Widor

Je ne veux pas au-tre cho-se Que ton sou-rire et ta voix,
No-thing I ask thee to give me But a smile and a word,

De l'air, de l'om-bre, des ro-ses, Et des ray-ons dans les bois.
As flow'rs and shade of the for-est, Or his song of a bird.

Je ne veux, moi qui me voi-le Dans la joie ou
No-thing I ask, I who hide me In my joy or

rit. e dim.　　a tempo, ma poco più lento

la dou - leur,　Que ton re - gard,　mon é - toi - le,

pain a - far,　On - ly thy scent,　O my flow - er,

Que ton ha - lei - ne,　ô ma fleur!

On - ly thy bright - ness,　O my star!

Sous ta pau - piè - re ver - meil - le,

Un - der the fringe of thy lash - es,

Qu'i - nonde un cé - les - te jour,　Tout un u - ni - vers som -

Where__ flood - ed in light doth move　A u - ni - verse wrapt in

meil - le... Je n'y cher-che que l'a-mour. Ange aux yeux pleins d'é - tin -
slum-ber, There I seek but for love. An - gel whose eyes would be

cel - les, Femme aux jours de pleurs noy - és,
hap - py, Wo - man who sor - - - row must meet,

a tempo, ma poco più lento

Prends mon â - me sur tes ai - les, Lais - se mon cœur
Lift up my soul to thy spir - it, Leav - ing my heart

à tes pieds!
at thy feet.

Ariette
(Paul Collin)
"Were I sunshine, I should come"

English version by
Henry G. Chapman

Paul Vidal

Allegro, ma non troppo (♩ = 92)

Si j'é - tais ray - on, j'i - rais, jeu - ne fil - le,
Were I sun - shine, I should come, pret - ty maid - en,

Si j'é - tais ray - on, splen - dide et joy - eux,
Were I sun - shine flash - ing bright from the skies,

Ver - ser tout l'é - clat de mon feu___ qui bril - le
I should pour the light of my fire,___ sweet maid - en,

22697

p senza rit.

Dans tes jo - lis yeux.
In thy pret - ty eyes.

p

Si j'é - tais zé - phir, j'i -
Were I Ze - phy - rus, I'd

rais dans les tres - ses, Dans les tres - ses d'or___ de tes che-veux doux,
blow thro' thy tress - es, Thro' the tress - es soft___ of thy gold-en hair;

Je leur don - ne - rais___ de fol - les ca - res - ses, Mal-gré les ja - loux!
I should play in them___ with wan - ton ca - ress - es, Nor for ri - vals care!

p senza rit.

Si j'é - tais par - fum, mal - gré toi, fa - rou - che,
Were I per-fume sweet, and thy smile ma - li - cious,

Si j'é-tais par-fum, j'i - rais_____ dé - po-ser
Were I per-fume sweet, yet I_____ should im-press

Au plus gen-til coin de ta chè-re bou - che L'en-i-vrant bai-ser!___
On thy dim-pled cheek, or thy lips de-li - cious, A de-li-rious kiss!___

Si j'é-tais murmure, au ciel ou sur ter - re,
Could I be a voice, hum-ble or im-pe - rious,

J'i-rais sans ré-pit, trè - ve_____ ni re - pos,
Ev-er shall I come, cease - less,_____ un-de-terr'd,

Te dire à l'o - reille, a - vec grand mys - tè - - re, De
Whis-p'ring in thine ear man - y a mys - te - - rious And

ten - dres pro - pos. Si j'é - tais A - mour, j'i -
a - mor-ous word. And if I were Love, I'd

rais dans ton â - me, Si j'é - tais A - mour, j'i - rais dans ton cœur,
dwell in thy spir - it, And if I were Love, thy heart I should claim,

É - pe - ler, le soir,—les let - tres de flam - me De mon nom vain-
I would breathe my name, at eve thou shouldst hear it, My all-con-qu'ring

queur!
name!

Si j'é - tais A - mour, j'i - rais dans ton â - me,
And if I were Love, I'd dwell in thy spir-it,

Si j'é-tais A - mour, j'i - rais dans ton cœur, É - pe - ler, le soir, les let - tres de
And if I were Love, thy heart I should claim; I would breathe my name, at eve thou shouldst

flam - me De mon nom vain - queur!
hear it, My all - con - - qu'ring name!

Nuit d'Étoiles

(Th.de Banville)

Starry Night

English version by
Henry G. Chapman

Ch. M. Widor

Andantino

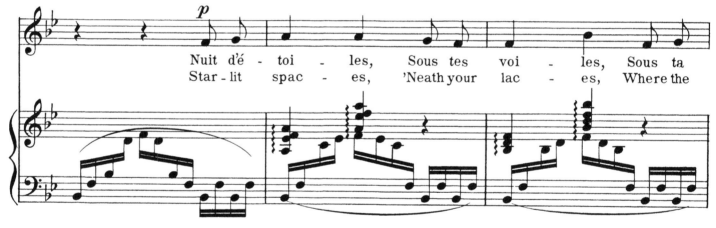

Nuit d'é - toi - les, Sous tes voi - les, Sous ta
Star - lit spac - es, 'Neath your lac - es, Where the

bri - se et tes par - fums, Tris - te ly - re,
per - fumed night-winds sigh, As thro' sway - ing

22697

Qui sou - pi - re, Je rê - ve aux a-mours dé - funts. La se-
Harp-strings stray - ing, Here I dream of loves gone by. O'er my

rei - ne mé - lan - co - li - e Vient é - clo - re au fond de mon
heart___ sweet me - lan - chol - y Comes in ten - der gloom to

cresc.

coeur, Et j'en - tends l'â - me de ma mi e Tres - sail-
brood And I feel___ my loved one's spir - it Hov - 'ring

ppp

lir dans le bois rê - veur. Nuit d'é -
near in the slum - b'ring wood. Star - lit

toi - les, Sous tes voi - les, Sous ta bri - se et tes par-
spac - es 'Neath your lac - es, Where the per - fumed night-winds

fums,   Tris - te ly - re,   Qui sou - pi - re,
sigh,   As thro' sway ing   Harp-strings stray - ing,

Je rê - ve aux a-mours dé - funts.
Here I dream of loves gone by.

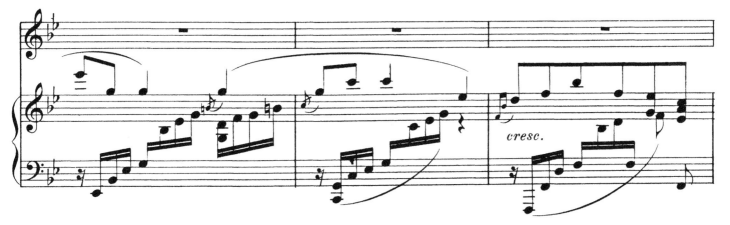

Dans les om - bres de la feuil - lé - e, Quand tout
Thro' the dark ____ and leaf - y shad - ows, When I

bas je sou - pi - re seul, Tu re - viens, pau-vre â - me é - veil-
sigh, tho' scarce a - loud, Thou re - turn - est, poor sleep - less

lé - e, Tou - te blan - che dans ton lin - ceuil. Nuit d'é-
spir - it, Pale and wan ____ and in thy shroud Star-lit

toi - les, Sous tes voi - les, Sous ta bri - se et tes par -
spac - es, 'Neath your lac - es, Where the per - fumed night-winds

ppp

fums, Tris - te ly - re, Qui sou - pi - re,
sigh, As thro' sway - ing Harp-strings stray - ing,

ppp *m.d.* *ppp*

Je rê - ve aux a - mours dé - funts.
Here I dream of loves gone by.